Für Jürgen Theel

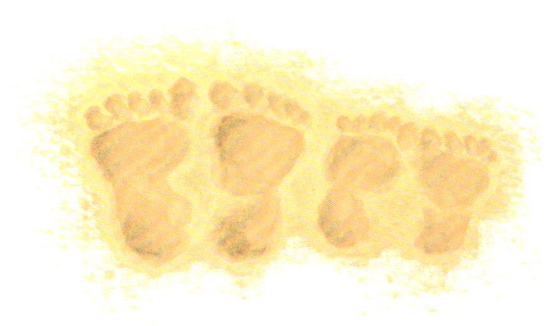

ISBN 978-3-8337-3998-9

© 2019 JUMBO Neue Medien & Verlag GmbH, Henriettenstraße 42a, 20259 Hamburg
Alle Rechte vorbehalten
Text: Sarah Theel: »Nathan der Weise«, angelehnt an die Textfassung von Gotthold Ephraim Lessing,
Universal-Bibliothek Nr. 3, © 1964, 2000 Philipp Reclam jun. GmbH & Co., Stuttgart.
Durchgesehene Ausgabe 2000 auf der Grundlage der neuen amtlichen Rechtschreiberegeln.
Außerdem verwendet: http://gutenberg.spiegel.de/buch/nathan-der-weise-1179/1
Illustrationen: Franziska Harvey
Lektorat: Lisa Schachtschneider, Corinna Windeck • Grafik: Fabia Schubert
Druck: Grafisches Centrum Cuno GmbH & Co. KG
Die deutsche Bibliothek – CIP-Einheitsaufnahme

Das gleichnamige Hörbuch, gesprochen von Stefan Kaminski,
ist im JUMBO Verlag erschienen. (ISBN 978-3-8337-3780-0)

www.jumboverlag.de

Sarah Theel  Franziska Harvey

Nathan der Weise

Neu erzählt nach
Gotthold Ephraim Lessing

Personen

Nathan, ein jüdischer Kaufmann in Jerusalem
Recha, seine Tochter
Daja, Rechas christliches Kindermädchen

Saladin, der Sultan von Jerusalem
Sittah, seine Schwester
Al-Hafi, Derwisch und Schatzmeister des Sultans

Ein junger Tempelritter
Der Patriarch von Jerusalem
Ein Klosterbruder

In einer Zeit, die wir heute nur aus Geschichten kennen, kam der reiche Nathan von einer langen Reise zurück. Der jüdische Kaufmann war mit seinen Kamelen durch Persien, Indien und vielleicht sogar China gereist. Die Tiere waren mit vielen feinen Stoffen, edlen Gewürzen und kostbaren Steinen beladen. Die Last schwankte gefährlich auf ihren Rücken. Alle waren froh, als Jerusalem am Horizont erschien.

Als die Karawane an den ersten Häusern der Stadt vorbeikam, entdeckte Nathan eine Frau, die aufgeregt auf ihn zugelaufen kam. Es war Daja, das alte Kindermädchen seiner Tochter Recha. Die Christin war vor vielen Jahren ihrem Mann von Europa nach Jerusalem gefolgt. Doch dann war dieser gestorben. Da hatte Nathan sie in sein Haus geholt.

Als die alte Frau atemlos vor Nathans Kamel zum Halten kam, stieg er ab, um sie zu begrüßen. »Nathan, Gott sei ewig Dank!«, rief sie ihm aufgeregt entgegen. »Was für ein Glück, dass du endlich wiederkommst! Dein Haus …«

Der Kaufmann legte Daja seine Hände auf die Schultern und lächelte: »Das brannte. Ich hörte davon, Daja. Beruhige dich bitte und hole erst mal Luft. Wäre es abgebrannt, hätten wir ein neues gebaut, ein bequemeres.«

Daja schüttelte aufgeregt den Kopf. »Nathan, hör doch! Recha wär' um ein Haar mitverbrannt.«

Entsetzt sah Nathan sie an. »Geht es ihr gut?«

Daja erzählte, dass das Haus lichterloh in Flammen gestanden hatte. Warum, hatte man noch nicht herausgefunden. Alle Diener waren bereits aus dem Gebäude gelaufen, nur Recha war nirgends zu finden. Da hatte man ihre Hilferufe aus dem Haus gehört. Niemand hatte sich getraut, dem Mädchen zu Hilfe zu kommen. Doch plötzlich war ein junger Tempelritter an Daja vorbeigerannt. Der weiße Umhang mit dem roten Kreuz darauf hatte hinter ihm im Wind geweht. Wie ein Engel hatte er ausgesehen. Ohne zu zögern war er in das brennende Haus gestürmt. Daja war angst und bange geworden, als er nicht sofort zurückkam. Doch dann war er mit Recha auf den Armen aus der Tür getreten und hatte sie in sicherer Entfernung auf der kühlen Erde abgelegt. Daja war neben ihr auf die Knie gefallen. Als sie sich überzeugt hatte, dass es Recha gut ging, hatte sie dem Retter danken wollen. Doch der war bereits in der herbeigeeilten Menschenmenge verschwunden.

Erschrocken folgte Nathan dem Bericht und murmelte: »Meine Recha …«

»Deine Recha?«, erwiderte Daja.

Da blickte Nathan sie einen kurzen Moment scharf an. Doch sofort wurden seine Züge wieder milde. »Ich habe dir wunderschönen Stoff aus Babylon mitgebracht. Nimm du so gern, als ich dir geb – und schweig!«

Einen Moment schwiegen beide. Dann lächelte Daja wieder. »Hör, was ich dir noch von Rechas Retter zu berichten habe. Man erzählt sich, dass er von Sultan Saladin kurz vor seiner Hinrichtung begnadigt wurde.«

Überrascht horchte der Kaufmann auf. Noch nie hatte man gehört, dass der Sultan einen Tempelritter verschont hätte. Seit Saladin die Kreuzfahrer aus dem Heiligen Land vertrieben hatte, kannte er keine Gnade.

»Durch ein geringeres Wunder war Recha nicht zu retten? Ich muss diesen edlen Mann kennenlernen und ihm danken!«

Doch Daja sah traurig zu Boden. Nachdem der Ritter in der Menge verschwunden war, hatten die beiden Frauen ihn erst Tage später wiedergesehen. Und zwar vor der Kirche, in der das Grab Jesu zu finden ist. Sie lag unweit des Kaufmannshauses und war von dessen Fenstern aus gut zu sehen. Der Tempelherr lief unter den Palmen dort auf und ab. Sofort war Daja zu ihm geeilt. Sie wollte ihn in Nathans Haus einladen. Doch der Ritter schickte sie weg und wollte nichts von ihr oder gar Recha wissen. Kurz darauf war er verschwunden.

»Arme Recha«, sagte Nathan. »Es muss ihr das Herz brechen.«

Daja nickte zustimmend. »Recha glaubt, der Ritter sei ein Engel. Seit sie auf der Welt ist, beschütze er sie. Erst jetzt sei er sichtbar geworden.«

»So eine Schwärmerei.« Der Kaufmann schüttelte den Kopf.

»Ach, lass sie doch. Sie war schon immer eine große Träumerin.« Die Kinderfrau sah ihn mit einem bittenden Lächeln an. Etwas leiser fügte sie hinzu: »Immerhin glaubt sie ja auch, dass Juden, Christen und Muslime eines Tages in Frieden miteinander gehen.«

»Diesen süßen Wahn behalte ich mir auch. Aber den Engel werde ich ihr nehmen.«

Nathan schickte Daja voraus und folgte ihr nachdenklich mit der Karawane.

Als die Reisenden endlich den Hof des Kaufmannes erreichten, lief Recha ihnen schon entgegen. Sie hatte ihren Vater sehr vermisst.

»Mein liebes Kind!«, rief der Kaufmann und erwiderte die Umarmung seiner Tochter. Er war so glücklich, sie gesund wiederzusehen.

Nachdem alle Waren abgeladen und sicher weggepackt worden waren, führte Recha ihren Vater in das kühle Haus und berichtete dabei unablässig von ihrem Engel, der sie aus dem brennenden Haus gerettet hatte.

Zum Glück hatte Daja die Schäden des Feuers bereits beseitigen lassen. So konnte der alte Kaufmann sich erschöpft auf ein paar weichen Kissen niederlassen. Nathan hörte Rechas Erzählungen aufmerksam zu, doch seine Miene verfinsterte sich immer mehr.

»Ich habe einen Engel von Angesicht zu Angesicht gesehen«, schwärmte sie. Dabei schweifte ihr Blick immer wieder aus dem Fenster, durch das man die Palmen vor der Grabeskirche sehen konnte.

»Sicherlich ist deine Rettung ein Wunder, meine geliebte Tochter«, unterbrach Nathan sie, »doch es wäre nicht weniger ein Wunder, wenn ein Mensch dich gerettet hätte. Der Wunder höchstes ist, dass uns die wahren, echten Wunder so alltäglich werden können. Bedenke doch, es ist schon ein Wunder, dass Saladin zuvor deinem Retter die Freiheit geschenkt hat.«

»Deswegen kann er ja nur ein Engel sein, Vater. Sonst hätte der Sultan ihn bestimmt getötet.« In diesem Moment betrat Daja den Raum.

»Erzählt man sich denn auch, warum der Sultan diesen Mann begnadigt hat?«, fragte Nathan.

»Man behauptet, dass der junge Mann dem Lieblingsbruder des Sultans, der seit Jahren verschwunden ist, zum Verwechseln ähnelt. So unglaublich es klingt, deswegen wurde der Ritter verschont.«

»Wenn der Bruder dem Sultan so lieb war, dann wird das ähnliche Gesicht sein Herz berührt haben«, überlegte Nathan und wandte sich wieder an seine Tochter. »Deswegen, liebe Recha, ist deine Rettung auch nicht weniger ein Wunder.«

»Ich weiß nicht, Vater«, antwortete Recha zögerlich. »Hat nicht jeder von uns eine andere Vorstellung davon, was ein Wunder ist? Lass mir meine Vorstellung doch! Und fahr nicht mehr so lange weg. Dann brauche ich auch keinen Engel mehr.«

Da meldete ein Diener, dass Al-Hafi, ein guter Freund Nathans, vor der Tür stehe. Recha und Daja entfernten sich, um in der Küche das Essen für den Abend vorzubereiten. Nathan blickte derweil überrascht seinem Besuch entgegen. Sie hatten sich lange nicht mehr gesehen. Denn Al-Hafi war ein Derwisch. Er gehörte einer Glaubensgemeinschaft des Islams an, die vor allem für ihr einfaches Leben bekannt ist. Als Nathan ihn das letzte Mal getroffen hatte, hatte er allein in der Wüste gelebt. Umso erstaunter war Nathan nun, als er Al-Hafi in prachtvollen Kleidern sah.

»Bist du's? Bist du's nicht? In diesem Glanz, ein Derwisch?«, fragte der Kaufmann und bedeutete seinem Gast, sich zu setzen.

»Warum denn nicht?«, antwortete der Derwisch. Er zwinkerte Nathan zu. »Beim Propheten, dass ich kein rechter bin, mag wohl wahr sein. Doch wenn man muss ...«

»Muss?«, fragte Nathan erstaunt.

»Kein Mensch muss müssen, was muss dann ein Derwisch?«

Da erzählte Al-Hafi, dass Sultan Saladin ihn persönlich zu seinem Schatzmeister ernannt hatte. Nun lebte der Derwisch am Hofe des Sultans und verwaltete dessen Finanzen. Doch war er Schatzmeister einer leeren Schatzkammer. Trotzdem versprach der Sultan fast täglich jemandem Geld. Nur konnte Al-Hafi diese Summen nie auszahlen.

»Was bringt dir diese Stelle dann?«, fragte Nathan.

»Mir bringt sie nicht viel. Aber vielleicht dir. Die leere Schatzkammer könntest du mit deinem Geld auffüllen, mein lieber Freund. Du könntest dafür Zinsen nehmen, so hoch es dir gefällt. Was meinst du? Kann ich auf deine offene Börse hoffen?«

Nathan schüttelte den Kopf. »Versteh mich nicht falsch, Al-Hafi Derwisch. Du bist mir stets willkommen, aber der Sultan …«

»Ich bin ja selbst schuld, dass ich mich auf diesen Posten eingelassen habe. Lieber wollte ich reich gekleidet sein und nicht mehr barfuß und arm leben. Umschmeichelt hat mich der Sultan mit seinen Worten. Ich würde wie er denken. Nicht wie mein Vorgänger immer nach dem Grund für die Ausgaben fragen. Als mittelloser Mensch würde ich verstehen, wie es ist, kein Geld zu haben und doch welches ausgeben zu müssen. Das würde ich dem Sultan nicht vorwerfen. Wie dumm bin ich gewesen«, sagte der Derwisch niedergeschlagen. »Hunderttausende ausmergeln, plündern, martern, würgen und trotzdem noch ein Freund der Menschen sein wollen. Wer Geld für die Herrschenden auftreiben muss, kann schwerlich gut handeln.«

»Al-Hafi, mach, dass du bald wieder in deine Wüste kommst«, unterbrach ihn Nathan. »Ich fürchte, grad unter Menschen möchtest du ein Mensch zu sein verlernen.«

»Recht hast du, Nathan!«, antwortete Al-Hafi und stand auf. Schnellen Schrittes verließ er das Haus des Kaufmannes. Der rief ihm noch hinterher: »Halt, warte. Hast du von dem Tempelherrn gehört, der …« Doch sein Freund war schon weg.

»Der Tempelritter ist zurück! Wir haben ihn unter den Palmen entdeckt«, hörte Nathan in diesem Moment die Kinderfrau Daja rufen. Er sah aus dem Fenster und erblickte einen jungen Mann mit seinem weißen Umhang und einem roten Kreuz darauf.

»Ich bin gerade erst zurückgekommen und muss mich kurz erholen. Dann gehe ich zu ihm«, sagte er zu der Kinderfrau, die eingetreten war.

Daja nickte und verließ das Zimmer. »Aber ich glaube nicht, dass er mit einem Juden sprechen will«, murmelte sie in sich hinein.

Währenddessen wanderte der junge Tempelritter im Schatten der Palmen nah der Grabkirche nachdenklich auf und ab. Da bemerkte er einen alten Mönch, der sich ihm vorsichtig näherte. Als er herangekommen war, fragte der Ritter: »Guter Bruder, was kann ich für dich tun?«

»Man hat mich vom Kloster zu dir geschickt«, antwortete der Mönch. »Ich soll mich erkundigen, wie es dir geht.«

Das überraschte den Ritter. Immerhin war er eben noch selbst im Kloster gewesen und hatte nach etwas zu essen gefragt. Doch die Töpfe waren leer, und man hatte ihn hungrig davongeschickt.

»Und wer möchte das wissen?«

Der Klosterbruder sah ihm fest in die Augen: »Der Patriarch sandte mich dir nach.«

»Nun, Bruder? – Was soll ich ihm berichten?« Der junge Mann zuckte mit den Schultern. »Ich bin ein Tempelritter und wurde beim Versuch, Tebnin zu erobern, mit zwanzig anderen gefangen genommen. Doch nur mich hat der Sultan Saladin begnadigt.«

»Doch warum wurdest nur du begnadigt, das würde der Patriarch gerne wissen«, fragte der Klosterbruder.

»Ich weiß es nicht. Ich kniete schon auf meinem Mantel, da hat mich der Sultan auf einmal ganz genau angesehen, ist auf mich zugekommen, hat mir aufgeholfen und mir die Fesseln abgenommen. Seine Augen haben sich mit Tränen gefüllt, dann ist er ohne ein Wort gegangen und ich war gerettet. Wie das zusammenhängt, enträtsle sich der Patriarch selbst.«

»Er schließt daraus, dass Gott Großes mit dir vorhat.«

»Ein Judenmädchen aus dem Feuer zu retten?«, schnaubte der Tempelherr.

»Es gibt Schlimmeres.« Der Klosterbruder lächelte in sich hinein. Dann räusperte er sich und sagte: »Vielleicht hat der Patriarch selbst noch Pläne mit dir.«

»Meinst du, Bruder?«

Der Mönch hielt ein zusammengefaltetes Stück Papier in der runzligen Hand. »Ei, jawohl! Diesen Brief hat er mir mitgegeben. Er wünscht, dass du ihn überbringst.«

Der Tempelritter trat einen Schritt zurück. »Ich bin kein Bote!«, sagte er mit Nachdruck. Aber der Mönch gab nicht auf. Er fürchtete den Zorn des Patriarchen. »Gott selbst wird den entlohnen, der das Schreiben sicher überbringt.«

»Und das soll ich sein? Kannst du mir denn den Inhalt des Briefchens verraten?« Da trat der Mönch näher an den Ritter. Er sah sich um, um sicherzugehen, dass sie allein waren. »Der Brief ist direkt an Richard Löwenherz, den Anführer der Kreuzritter«, flüsterte er. »Der Patriarch weiß erstaunlich gut über die militärischen Pläne des Sultans Bescheid. Er möchte den König darüber informieren. Dann kann Richard Löwenherz entscheiden, ob er wieder einen Waffenstillstand vorschlägt oder Jerusalem angreift.«

»Einen tapferen Herrn hast du, lieber Glaubensbruder«, antwortete der Tempelherr erstaunt. »Auch wenn er mich nicht zu einem einfachen Boten möchte, sondern zu einem mutigen Spion, muss er sich einen anderen Mann dafür suchen. Ich bin ein Ritter, kein Kundschafter.«

Der alte Mönch nickte. »Allerdings habe ich dir noch nicht alles verraten. Mein Herr hat herausbekommen, wo im Libanon die Festung liegt, auf der sich der Vater Saladins aufhält. Von dort aus bezahlt er sein Heer. Ab und zu macht sich Saladin auf kleinen Pfaden und fast ohne Wachen auf den Weg dorthin. Es wäre einfach, ihn dort zu überfallen.«

»Und diesen Auftrag soll ich übernehmen?«, fuhr der Ritter wütend auf. »Obwohl Saladin mir das Leben gerettet hat?«

»Gott aber und der Orden …«, versuchte ihn der Mönch zu beschwichtigen.

»Ändern nichts! So eine üble Tat werde ich nicht begehen. Ich bin Saladin mein Leben schuldig, und nehme ihm seines? Das ist nicht meine Art.«

»Aber trotzdem bleibt Saladin ein Feind der Christenheit!«, versuchte es der tapfere Klosterbruder weiter.

»Trotzdem werde ich nicht zum undankbaren Schurken werden!«, antwortete der Tempelherr bestimmt.

Der Klosterbruder sah dem Ritter fest in die Augen. »Ich geh; und geh vergnügter, als ich kam«, sagte er spitzbübisch. »Verzeih mir der Herr. Wir Klosterleute sind schuldig, unsern Obern zu gehorchen.« Der Mönch wandte sich ohne ein weiteres Wort ab und ließ den Ritter mit seinen Gedanken zurück.

13

Zur selben Zeit spielte der Sultan Saladin mit seiner geliebten Schwester Sittah in seinem Palast Schach. Die Geschwister standen sich sehr nahe und spielten gerne und so oft es ging miteinander. Obwohl Sittah sich sehr gut darauf verstand, gewann meistens ihr Bruder. Doch an diesem Tage war der Sultan nicht bei der Sache. Zu Sittahs Überraschung gab er auf, noch bevor sie zu Ende gespielt hatten.

»Wo bist du heute mit deinen Gedanken, Bruder?«, fragte Sittah.

Saladin warf nur einen flüchtigen Blick auf das Spielbrett. »Beende das Spiel. Du hast gewonnen, und Al-Hafi soll dir deinen Gewinn auszahlen.« Er winkte nach einem Diener, der den Schatzmeister holen sollte. »Du hast nicht unrecht. Meine Gedanken waren bei anderen Dingen. Bei Richard Löwenherz etwa und dabei, wie sehr es mich gefreut hätte, wenn es zu einer Heirat zwischen euch gekommen wäre. Was für eine Vorstellung: Die beiden wichtigsten Häuser der Welt für immer vereint!«

»Der Stolz der Christen ist es, Christen zu sein, nicht Menschen. Ihr Ziel ist es, Christus' Namen überall zu verbreiten, nichts anderes wollen sie«, sagte Sittah mit einem nachsichtigen Blick auf ihren Bruder.

Saladin schüttelte traurig den Kopf: »Die Christen könnten auch das noch glauben. Außerdem war ich mit den Gedanken bei unserem Vater im Libanon. Er sorgt sich, denn er braucht dringend Geld. Wo bleibt überhaupt Al-Hafi?«

Saladin ging unruhig hin und her. Wie ein Tiger im Käfig.

Da wurde ihm der Derwisch angekündigt. Al-Hafi hatte seine tiefe Verbeugung kaum beendet, als er sich schon voll Vorfreude suchend umblickte: »Die Gelder aus Ägypten sind vermutlich angekommen.«

»Hast du Nachricht?«, fragte Saladin überrascht.

»Ich?«, der Derwisch schüttelte verwundert den Kopf. »Ich dachte, ich soll zu Euch kommen und das Geld in Empfang nehmen.«

Der Sultan winkte ab und drehte sich wieder zum Garten: »Zahl an Sittah 1000 Dinar.«

Erst da bemerkte der Schatzmeister die junge Frau und verbeugte sich erneut tief.

Er schaute beinahe ängstlich zwischen den Geschwistern hin und her.

»1000 Dinar?«, stammelte er. »Habt Ihr etwa schon wieder beim Schach verloren, Herr?«

»Sag einfach, dass ich mein Geld bekomme«, sagte Sittah und sah den Derwisch beschwörend an. Doch dieser beachtete sie gar nicht.

Er betrachtete das Schachbrett mit den kunstvoll geschnitzten Figuren. Das Spiel war noch nicht am Ende! Als Al-Hafi den Sultan darauf aufmerksam machte, fuhr dieser ihn an: »Bezahl! Das Spiel ist verloren.«

Sittah schaute den Derwisch hinter dem Rücken ihres Bruders an: »Du musst dich nicht beeilen, Al-Hafi.«

»Er muss es endlich erfahren!«, fuhr der Derwisch da auf.

Saladin drehte sich zu den beiden um: »Wer? Und was?«

Sittah ging drohend auf den Schatzmeister zu.

»Ist das die Art, wie du dein Wort hältst, Al-Hafi?«, rief sie erbost.

»Erfahre ich nun, was los ist? Was kann meine Schwester lieber einem einfachen Derwisch als ihrem Bruder anvertrauen?«, fragte der Sultan misstrauisch.

Der Derwisch sah betreten zu Boden, da stellte sich Sittah vor den Sultan. »Ach Bruder! Da deine Kassen in den letzten Wochen nicht so reich gefüllt waren, habe ich mir meine Gewinne nicht auszahlen lassen.«

»Nicht nur das, euren Hof und eure alltäglichen Kosten hat sie auch aus eigener Kasse bestritten«, warf Al-Hafi ein.

Das Gesicht des Sultans erstrahlte und er umarmte seine Schwester stürmisch.

»Sittah, das ist meine Schwester!«

»Wie gerne habe ich dir und unserem Vater geholfen.« Bescheiden sah die junge Frau den Sultan an.

»Das macht mich traurig«, sagte der Sultan kraftlos und schien in sich zusammenzusacken. »Ich habe mein Pferd, mein Schwert und meinen Gott. Während mein Vater Not leidet. Al-Hafi, konntest du bei niemandem borgen außer meiner Schwester?«

Der Derwisch schüttelte den Kopf: »Ich kenne niemanden.«

Sittah fasste ihn scharf ins Auge: »Ich hörte, dein Freund, dieser Jude, sei gerade von seiner Reise zurückgekehrt. Dein Nathan. Die ganze Stadt erzählt, was für Reichtümer er mitgebracht hat.«

»N-nathan? Ach, der …«, stotterte Al-Hafi. »Der ist zurück? Ei! Das wusste ich noch gar nicht.«

»Frag ihn, ob er dem Sultan Geld borgt.«

»Soweit ich weiß, borgt er seine Weisheit, aber sein Geld …« Al-Hafi rieb nervös seine Hände aneinander.

»Du hast mir sonst doch ein ganz anderes Bild von ihm gemacht«, unterbrach Sittah ihn unwirsch.

»Nathan macht keinen Unterschied zwischen Juden, Muslimen und Christen. Aber Geld leiht er nur den Ärmsten. Nicht viel, dafür aber gerne«, sagte Al-Hafi voller Überzeugung.

Sittah schüttelte ungläubig den Kopf: »Und dieser Mann sollte Saladin nichts leihen?«

Saladin schaute ebenfalls fragend: »Wie kann es sein, dass ich von diesem Mann noch nie gehört habe?«

»Lasst uns nicht weiter über ihn sprechen«, versuchte Al-Hafi abzulenken und drehte sich zur Tür. »Da fällt mir jemand ein … jemand anderes. Ich komme gerade nicht auf seinen Namen. Auch er ist ein reicher Mann. Schnell laufe ich zu ihm und frage, ob er uns seine Taschen öffnet.«

Mit diesen Worten verließ der Derwisch hastig das Zimmer.

Der Sultan strich nachdenklich über seinen Bart. »Wie kann es sein, dass ich von diesem Juden noch nichts gehört habe?«

»Das verwundert mich auch, lieber Bruder. Immerhin wird in der Stadt viel über ihn gesprochen. In jedem Hafen liegen seine Schiffe und seine Tiere finden sich auf allen Märkten. Frei von Vorurteilen soll er sein und offen gegenüber jeder Tugend.«

»Trotzdem hat Al-Hafi nicht freundschaftlich von ihm gesprochen«, wunderte sich der Sultan.

»Vielleicht hält er es für gefährlich, zu sehr von seinem Freund zu schwärmen. Aber wie dem auch sei: Der Jude ist reich, und das ist entscheidend für uns«, antwortete Sittah.

»Du willst ihm sein Geld doch nicht etwa mit Gewalt nehmen?«, fragte Saladin überrascht.

»Nein, nein«, Sittah schüttelte lächelnd den Kopf. »Aber nun lass uns nicht weiter darüber sprechen. Ich werde mir etwas für den Juden überlegen.«

Nathan hatte derweil eine kleine Stärkung zu sich genommen, sich gewaschen und umgezogen. Nun wollte er sich auf den Weg machen und den Retter seiner Tochter kennenlernen. Recha blieb währenddessen ungeduldig mit ihrer Daja zurück. Schon bald erblickte Nathan den jungen Mann mit dem Kreuz auf dem Mantel. Sobald er die Palmen erreichte, begann er freundlich: »Verzeiht, edler Franke …« »Was willst du, Jude?«, herrschte der Tempelherr ihn jedoch an. Die rüde Art des jungen Mannes erinnerte Nathan an jemanden. Ihm fiel nur nicht ein, an wen.

»Ich bin Nathan, der Vater des Mädchens, das du gerettet hast, und komme …« »Wenn du mir danken willst, kannst du dir das sparen«, unterbrach der Tempelherr ihn abrupt. »Es ist meine Pflicht als Ritter, einem Menschen in Not zu helfen, auch wenn es eine Jüdin ist.«
Doch Nathan trat noch näher. »Nun sag, wie kann ich dir danken?«, fragte er milde. »Ich brauche nichts von dir.«
»Du hast selbstlos gehandelt. Auch wenn du es jetzt nicht offen zeigst, glaube ich, dass du ein guter Mensch bist. Solche Menschen findet man überall auf der Welt.«
Verlegen sah der Ritter den Kaufmann an. »Trotzdem sollte man Unterschiede machen«, sagte er vorsichtig.
Nathan nickte zustimmend. »Selbstverständlich, denn sie unterscheiden sich in ihrer Kleidung, ihrer Hautfarbe und ihrer Größe.«

»Und trotzdem gibt es ein Volk, das sich das auserwählte Volk nennt. Diesen Stolz mag ich nicht. Denn nun denken auch die Christen und die Muslime, nur ihr Gott wäre der einzig wahre. Du wunderst dich, dass ein einfacher Tempelritter so redet? Nun ja, dieser Glaube an den einzig wahren Gott und der Wille, ihn allen Völkern aufzudrängen, hat uns in die Situation gebracht, in der wir nun sind, oder? Dumm und blind sind die, die das jetzt nicht erkennen. Aber geh lieber und lass uns nicht darüber sprechen.«

Der Tempelritter wollte gehen. Doch Nathan stellte sich ihm voller Überzeugung in den Weg. »Komm, wir müssen Freunde sein!«, rief der alte Mann aus. »Verachte die Juden, so viel du möchtest. Aber ich frage dich: Sind wir nicht mehr als unser Volk? Sind Christen und Juden eher Christen und Juden als Menschen? Genügt es nicht, Mensch zu sein?«

Voll Offenheit und Liebe schaute der alte Kaufmann dem jungen Ritter in die Augen. Der Tempelritter erkannte, dass Nathan ihn verstand: »Ja, Nathan, das genügt. Es tut mir leid, dass ich bisher nur deine Religion gesehen habe. Bitte verzeih mir und lass uns Freundschaft schließen.«

Nathan nahm die Hand des Tempelherrn in seine. »Freunde sind wir schon!«, sagte er liebevoll. »Komm nun in mein Haus und lern meine Tochter Recha kennen.«

Kein Moment hätte friedlicher sein können.

Vor Nathans Heim sahen sie einen Mann mit Daja sprechen. Er drehte sich um und eilte in Richtung Stadt davon. Da erkannte Daja die beiden Männer und lief ihnen entgegen. Es war ein Bote des Sultans gewesen, der Nathan zu sich in den Palast gerufen hatte.

»Wir werden sehen, was er möchte. Ich werde zu ihm gehen, schon damit wir uns endlich einmal begegnen. Daja, lauf zurück ins Haus und kümmere dich um Recha«, beschloss der Kaufmann. Das Kindermädchen verließ die beiden nur widerwillig.

»So kennst du Saladin nicht?«, fragte der Tempelritter erstaunt.

Nathan schüttelte den Kopf. »Es hat sich nicht ergeben. Aber ich habe Gutes von ihm im Zusammenhang mit dir gehört.«

»Ja, er hat mir das Leben geschenkt.«

»Und dadurch hat er Recha gerettet«, ergänzte der Kaufmann. »Aus diesem Grund stehe ich auch in seiner Schuld. Ich werde mir anhören, was er möchte. Ich hoffe aber, du kommst uns heute noch besuchen. Sag mir doch noch schnell deinen Namen. Das haben wir bisher versäumt.«

»Gerne komme ich noch heute. Curd von Stauffen heiße ich. Wie mein Onkel, der auch schon hier war.«

Nathan sah den jungen Mann noch einmal genauer an. Dann sagte er langsam: »Wir sehen uns also später.«

Nachdem der junge Ritter sich verabschiedet hatte, blieb Nathan nachdenklich zurück. Der junge Mann hatte eine ähnliche Statur und sogar eine ähnliche Stimme wie ein alter Freund Nathans: Filnek von Stauffen. Doch bestimmt gab es den Namen häufiger … Bevor Nathan länger grübeln konnte, kam Daja zurück.

»Liebe Daja, hetz mich nicht. Ich bin schon auf dem Weg zum Sultan!«, rief Nathan ihr entgegen. Doch die Kinderfrau schüttelte den Kopf: »Deswegen bin ich nicht hier. Du hast Besuch. Al-Hafi möchte dich sprechen.«

Nathan war überrascht. Die Bitte des Sultans schien sehr dringend zu sein, wenn er sogar zwei Boten schickte.

An der Eingangstür stand schon der Derwisch und sah Nathan nervös entgegen. »Was möchte Saladin denn so dringend von mir?«, fragte der Kaufmann seinen Freund.

»Der Sultan?«, fragte Al-Hafi überrascht.

»Ja, Saladin. Bist du denn nicht deswegen hier?«

Al-Hafi stand der Schreck mit einem Mal ins Gesicht geschrieben: »Hat er schon nach dir geschickt, alter Freund?«

»Ja. Aber warum denn?«, fragte der Kaufmann.

»Geld leihen sollst du dem Sultan. Was habe ich nicht versucht, an anderer Stelle Geld für ihn zu bekommen. Angefragt habe ich bei vielen Männern. Glaub mir, ich habe nie in meinem Leben gebettelt. Und nun muss ich bei anderen borgen. Das hat die Gier aus mir gemacht. Es bleibt mir nichts anderes, als die Stadt zu verlassen. Komm mit mir, mein Freund!«

»Lass mich erst zum Sultan gehen und dann sehen wir weiter«, versuchte Nathan den Derwisch zu beruhigen. Doch dieser schüttelte den Kopf und entfernte sich langsam.

»Wer überlegt, der sucht Beweggründe, nicht zu dürfen. Leb wohl. Ich geh meinen Weg, geh du den deinen. Fülle die Kassen des Sultans.« Damit drehte er sich um und ging schnell in Richtung Wüste davon.

Nathan schaute Al-Hafi nach. »Der wahre Bettler ist doch allein der wahre König«, sagte er leise zu sich. Dann machte er sich ohne Umschweife auf den Weg zum Palast des Sultans.

Währenddessen wartete die aufgeregte Recha mit ihrem Kindermädchen auf den Besuch des Tempelherrn. Was hatte Daja nicht alles versucht, um das Mädchen abzulenken.

»Hat Vater dir nicht gesagt, mein Ritter wird bald zu Besuch kommen?«, fragte Recha immer wieder.

»Wenn der Sultan nicht wäre, hätte Nathan ihn sicher schon hergebracht«, murmelte Daja und sagte dann lauter: »Oh, wie sehr ich hoffe, dass er dich mit nach Europa nehmen wird.«

»Wieso sagst du das? Warum sollte ich so weit weg von meinem Vater leben wollen?«

Traurig betrachtete Daja ihren Schützling: »Wenn du nur wüsstest!«

»Wenn ich was wüsste?«, fragte Recha. »Wie oft habe ich deinen Geschichten gelauscht und deine Heiligen bewundert. Doch viel tröstender war mir die Lehre, dass Ergebenheit in Gott nicht von unserer Religion abhängt. Das sagt auch mein Vater, und du warst nie anderer Ansicht.« Da brach sie abrupt ab und deutete aus dem Fenster. »Ich glaube, da kommt er!«

Recha lief in den vorderen Teil des Hauses. Dort hatte ein Diener den Tempelritter bereits eintreten lassen. Die junge Recha folgte ihnen in das Zimmer, in dem sie eben noch mit ihrem Vater gesessen hatte. Nun war er da. Schüchtern standen sie voreinander und bemerkten Daja nicht, die sich ebenfalls in das Zimmer geschlichen hatte. Recha trat vor und wollte vor dem Ritter auf die Knie fallen. Doch der stolze junge Mann hielt sie fest und sagte liebevoll: »Um das zu verhindern, bin ich erst jetzt zu dir gekommen.« Lange betrachtete der Ritter das junge Mädchen und spürte, wie sein Herz bei ihrem Anblick schneller schlug. Da entdeckte er das Kindermädchen. »Liebe Daja, es tut mir leid, dass ich dich so unfreundlich behandelt habe«, sagte er verlegen.

Daja schüttelte den Kopf. »Hab keine Sorge – egal, was ich sage, Recha ist dir hoffnungslos verfallen.«

Doch der Ritter hörte sie schon nicht mehr und stand wie verzaubert vor der jungen Recha. »Du bist nicht das Mädchen, das ich gerettet habe. Ich erkenne dich nicht wieder. Sonst hätte ich gar nicht weggehen können.«

»Du bist noch genau derselbe, den ich gesehen habe«, antwortete Recha und errötete. Endlich erwachte der Tempelritter aus seiner Erstarrung. »Sag, wo ist Nathan? Etwa noch beim Sultan? Nein. Wahrscheinlich wartet er auf mich am Kloster. Ich werde hinlaufen und ihn holen. Der Sultan ist launisch. Ihr kennt ihn nicht.«

»Ist mein Vater in Gefahr?«, fragte Recha erschrocken und blickte zu ihm auf.

»Nicht, wenn ich mich jetzt auf den Weg mache.« Mit diesen Worten wandte der Tempelritter sich um und ging.

Nervös blieb Recha zurück. »Was ist ihm nur eingefallen?«

»Ich denke, es ist kein schlimmes Zeichen«, antwortete Daja. »Was macht dein Puls?«

Recha sah aus dem Fenster: »Es ist merkwürdig, aber er ist wieder ganz ruhig. Der Sturm, den der Ritter in mir ausgelöst hat, hat sich beruhigt.«

»So schnell?«

Recha nickte. »Er wird mir immer wichtig sein, aber mein Herz wird bei seinem Namen oder bei seinem Anblick nicht mehr schneller schlagen.«

Daja wusste nicht, was sie von den Worten des Mädchens halten sollte.

In der Zwischenzeit erwarteten Sittah und Saladin den jüdischen Kaufmann in einem der prachtvollen Säle des Palastes. Der Sultan lief nervös auf und ab.

»Was ist los mit dir, Bruder?«, fragte Sittah. Unruhig blieb er stehen. »Ach, ich denke an das bevorstehende Treffen. Jemandem mit Worten eine Falle stellen – das ist nicht mein Talent. Und die ganze Aufregung nur, um einem Juden Geld abzunehmen. Was, wenn er doch der gute Mensch ist, den der Derwisch uns beschrieben hat?«

»Nun, dann wird er auf unsere List nicht hereinfallen. Deswegen brauchst du dir keine Sorgen zu machen. Außerdem ist er nur ein Jude«, versuchte Sittah ihren Bruder zu beruhigen.

»Da hast du recht. Im Grunde handle ich nicht falsch. Schwester, was wäre ich ohne dich an meiner Seite?« Undurchdringlich lächelnd stand Sittah neben ihm.

»Der Löwe schämt sich freilich, wenn er mit dem Fuchs jagt. Des Fuchses, nicht der List. Keine Sorge, ich warte im Raum nebenan.«

»Damit du lauschen kannst, Schwester?« Saladin schüttelte bestimmt den Kopf. »Ich denke nicht. Geh in deine Gemächer.«

In diesem Moment meldete ein Diener die Ankunft des Kaufmannes. Saladin winkte Sittah hinaus. Enttäuscht verließ sie den Raum, den der jüdische Kaufmann im selben Moment betrat.

Der Sultan setzte sich auf seinen Thron und winkte den Kaufmann zu sich. »Tritt näher, Jude! Nur ohne Furcht. Du nennst dich Nathan? Den weisen Nathan!«

Nachdem Nathan sich tief verbeugt hatte, schüttelte er den Kopf.

»Wohl!« Ein Lächeln erhellte Saladins Antlitz. »So nennst du dich nicht, aber das Volk!«

»Und wenn das Volk mich nur so nennt, weil es denkt, dass ich als Kaufmann zu meinem Vorteil handeln kann. Und Eigennutz ist in ihren Augen klug. Dann wären klug und weise eins.«

»Schon dass du darüber nachgedacht hast, macht dich weise«, sagte Saladin und sah Nathan belustigt an. »Ich freue mich, dich endlich kennenzulernen, Nathan der Weise.« Er sprang auf. »Nun lass uns zur Sache kommen, Jude.«

Nathan nickte. »Gerne, Sultan, Ihr sollt bekommen, was Ihr möchtet. Das Beste werde ich Euch zum billigsten Preis geben.« Doch Saladin schüttelte überrascht den Kopf.

»Mit dem Kaufmann habe ich nichts zu tun.«

»Ach, dann möchtet Ihr wissen, was ich auf meiner Reise bei Euren Feinden beobachtet habe?«

Wieder schüttelte der Sultan den Kopf. »Davon weiß ich schon genug. Nein, ich möchte von dir etwas anderes wissen, da du so weise bist: Welcher Glaube ist in deinen Augen der richtige?«

Überrascht über die unerwartete Frage sah Nathan dem Sultan direkt in die Augen. »Sultan, ich bin ein Jude.«

Saladin nickte zustimmend. »Und ich ein Muselmann. Der Christ ist zwischen uns. Von diesen drei Religionen kann doch nur eine die wahre sein. Ein Mann wie du bleibt doch nicht Jude, nur weil er so geboren wurde. Wenn, dann tust du es aus Überzeugung. Wohlan, teile mir deine Meinung mit. Ziehe mich ins Vertrauen, und ich werde deine Einsicht zu meiner machen. Du zögerst? Brauchst du einen Moment zum Nachdenken? Gut, ich gebe ihn dir. Denk nach, ich komme gleich zurück.«

Der Sultan stand auf und ließ Nathan allein zurück.

Nathan sah ihm verdutzt nach. Was wollte der Sultan von ihm? Eine unmögliche Antwort auf eine nicht zu beantwortende Frage? Eigentlich hatte der Kaufmann gedacht, dass er Geld verleihen sollte, doch nun wollte der Herrscher Wahrheit. War das eine List? Dann musste er behutsam damit umgehen. Er hörte Schritte und schaute mit neu erwachtem Mut dem listigen Sultan entgegen.

»Nun, Jude, hast du deine Überlegungen beendet?« Als der Kaufmann nickte, forderte der Sultan ihn mit herrischer Geste auf: »Gut, dann sprich. Niemand hört uns. Wir sind allein.« Nathan jedoch hob – beinahe gelangweilt – die Schultern: »Jeder kann uns hören. Von mir aus die ganze Welt.«

»So sicher bist du deiner Sache, weiser Nathan?« Saladin schien überrascht von so viel Selbstvertrauen.

»Wenn es der Wahrheit dient. Gerne möchte ich Euch aber vorher eine Geschichte erzählen, wenn ich darf.« Fragend schaute er den Sultan an. Dieser nickte und deutete auf einen Stuhl ihm gegenüber.

Nachdem Nathan sich gesetzt hatte, begann er zu erzählen:

»Vor vielen Jahren lebte im Osten ein Mann, der besaß einen Ring von unschätzbarem Wert. Jeder, der diesen Ring trug, wurde von Gott und den Menschen geliebt. Deswegen nahm der Mann ihn auch nie ab. Er verfügte, dass der Ring ewig im Besitz seiner Familie bleiben sollte. So wurde der Ring vom Vater jeweils an den Sohn weitergegeben, den er am meisten liebte. Dieser gab den Ring wiederum an seinen meistgeliebten Sohn. Und der Sohn, der den Ring trug, wurde unabhängig von seinem Alter zum Oberhaupt der Familie. Versteht Ihr bis hierhin alles, Sultan?« Dieser nickte knapp.

»Gut. Schließlich trug ein Mann den Ring, der hatte drei Söhne, die er alle gleich liebte«, erzählte der Kaufmann weiter. »Er konnte sich einfach nicht entscheiden, wem von ihnen er den Ring vererben wollte. Also versprach er jedem von ihnen den Ring. Je älter der gute Vater wurde, umso mehr schmerzte es ihn, dass er zwei seiner Söhne kränken musste. Doch dann hatte er eine Idee. Er ließ zwei neue Ringe schmieden, die seinem Ring glichen wie ein Ei dem anderen. Selbst der Vater konnte am Ende nicht sagen, welcher Ring der Richtige war. Froh und erleichtert schenkte er nun jedem seiner Söhne einen Ring. Dann starb er. Hört Ihr mir noch zu, Sultan?«

»Ich höre! Komm nun aber schnell zu einem Ende!«

Nathan nickte. »Kaum war der Vater tot, erklärte sich jeder der drei Brüder zum Oberhaupt der Familie. Sie gerieten in Streit, denn jeder glaubte, den richtigen Ring zu haben. Lange untersuchten sie die drei Ringe. Doch sie fanden nie heraus, welcher Ring der wahre Ring war. Genauso geht es uns mit dem wahren Glauben.«

Kaum hatte Nathan geendet, sprang der Sultan wütend auf. »Das ist keine Antwort auf meine Frage! Im Gegensatz zu den drei Ringen lassen sich die Religionen eindeutig unterscheiden.« Aufgebracht starrte er den Kaufmann an.

»Das mag sein«, antwortete dieser mit ruhiger Stimme. »Aber bedenkt: Alle drei Religionen beruhen auf Geschichten, die mündlich oder aufgeschrieben überliefert wurden. Und an diese Geschichten muss man doch glauben, und woran glaubt man am ehesten? An die Geschichten der eigenen Familie. Die Geschichten, die wir von Kindheit an kennen. Könnte ich von Euch verlangen, zu denken, dass Eure Familie lügt und Ihr meiner folgen sollt? Ebenso ist es bei den Christen. Auch sie vertrauen auf die Geschichten ihrer eigenen Vorfahren.«

Erstaunt setzte der Herrscher sich wieder. »Der Mann hat recht«, murmelte er.

»Und nun lass uns zu unseren Ringen zurückkehren«, fuhr Nathan fort. »Die Söhne verklagten einander. Jeder schwor dem Richter, den Ring aus der Hand des Vaters bekommen zu haben. Was ja auch stimmte. Und jeder Sohn musste glauben, dass seine Brüder logen.«

»Erzähl mir, wie der Richter entschieden hat. Schnell!«, verlangte Saladin, der nun immer mehr Gefallen an der Geschichte fand. Nathan nickte.

»Der Richter sprach: ›Wie soll ich das Rätsel ohne euren Vater lösen? Doch halt, ich habe gehört, der wahre Ring macht seinen Träger beliebt bei Gott und den Menschen. Das muss entscheiden. Nun, welchen Bruder lieben zwei von euch am meisten? Ihr schweigt? Liebt etwa jeder von euch sich selbst am meisten? Dann seid ihr alle drei betrogene Betrüger. Vermutlich sind alle drei Ringe nicht echt und der wahre Ring ging verloren. Um das zu verbergen, ließ euer Vater drei neue Ringe machen.‹«

»Herrlich, herrlich«, schmunzelte Saladin in seinen Bart. Auch Nathan lächelte verschmitzt. Die beiden Männer, so unterschiedlich sie auch waren, verstanden sich.

»Der Richter fuhr fort: ›Nun geht und nehmt meinen Rat mit euch. Jeder glaube, sein Ring sei der Echte. Euer Vater hat euch alle drei geliebt. Denn er wollte keinen von euch vor den anderen bevorzugen. Jeder von euch kann nun versuchen, die Kraft des wahren Ringes zu offenbaren. Doch dies wird nur gelingen, wenn ihr den Menschen Gutes tut und euren Glauben nicht verliert. Sollte sich die Kraft des Ringes bei einem eurer Nachfahren zeigen, sitzt hoffentlich ein weiserer Mann auf diesem Stuhle.‹ Damit verstummte der bescheidene Richter.«

Erwartungsvoll sah Nathan den Sultan an: »Saladin, seht Ihr in Euch diesen weisen Richter?«
Doch der Sultan erhob sich, kam auf Nathan zu, kniete sich vor ihn und sprach: »Lieber Nathan. Frag nicht danach. Viel wichtiger: Sei mein Freund!«
Überrascht blickte Nathan auf den Herrscher hinab, dann lächelte er. »Darf ich als Euer Freund eine Bitte äußern? Ich komme gerade von einer langen Reise und habe viele gute Geschäfte gemacht. Nun sind die Zeiten unsicher und ich weiß nicht, wohin ich das Geld geben kann. Deswegen wollte ich fragen, ob Ihr vielleicht etwas Geld brauchen könntet?«
Saladin sah sein Gegenüber ernst an. »Nathan, war Al-Hafi bei dir? Denn eigentlich wollte ich …«
»Mich selbst danach fragen?«, beendete Nathan den Satz. Saladin nickte fast schon beschämt.
Nathan klatschte in die Hände. »Dann wäre uns ja beiden geholfen. Ich werde den Tempelherrn, unseren gemeinsamen Freund, mit dem Geld zu Euch schicken.«
Verwirrt blickte der Sultan ihn an.
»Ich spreche von dem jungen Ritter, dem Ihr das Leben geschenkt habt, mein Freund«, erklärte Nathan schnell. »Er hat sein gerettetes Leben sinnvoll genutzt. Denn er hat meine Tochter Recha aus unserem brennenden Haus getragen.«
Stolz sah Saladin da aus. »Hat er das? Das hätte mein Bruder auch getan. Bring den jungen Ritter rasch zu mir, Nathan.«
Beide Männer standen auf und drückten einander fest die Hand. Dann wandte Nathan sich ab und verließ den Saal. Saladin hingegen lief hastig zu seiner klugen Schwester.

Nathan ging so schnell ihn seine alten Beine tragen konnten zurück zu seinem Haus. Da hörte er auch schon die Stimme seines jungen Freundes. »Du warst so lange beim Sultan!«

»Der Mann hat mich beeindruckt«, antwortete Nathan mit einem milden Lächeln.

»Er will dich sprechen. Lasst uns schnell zu meinem Haus gehen. Dort muss ich etwas abholen und dann zurück in den Palast.«

Doch der junge Ritter zögerte. »Ich betrete dein Haus erst wieder, wenn du mir erlaubst, Recha zu heiraten.«

»Immer mit der Ruhe.« Nathan sah ihn erstaunt an. »Du erinnerst mich an einen Stauffen, den ich vor Jahren kennengelernt habe. Wie hieß eigentlich dein Vater?«

»Conrad hieß er. Warum?«, fragte der Ritter verwundert.

»So hieß mein Freund auch. Aber er kann kaum dein Vater gewesen sein. Denn er war nicht verheiratet.«

Der Tempelherr trat ein paar Schritte zurück und musterte den Juden. »Das war mein Vater auch nicht. Na und? Willst du mir deswegen die Heirat mit Recha versagen?«

»Nein.« Nathan schüttelte langsam den Kopf. »Nur will ich sie nicht direkt versprechen. Komm mit.«

»Nein, ich warte hier auf dich.« Der Tempelherr wich einen weiteren Schritt zurück. »Wenn ich Recha nicht heiraten darf, möchte ich sie nicht sehen.«

Nathan nickte und ging in Richtung seines Hauses davon. »Ich beeile mich!«

Nathan und der Tempelritter ahnten nicht, dass Daja sie belauscht hatte. Die Kinderfrau hatte nach dem jungen Ritter gesucht. Als sie Nathan herankommen sah, hatte sie sich schnell versteckt. Nun kam sie zwischen den Palmen hervor. »Ritter!«

Überrascht drehte er sich um. »Ach, Daja, du bist es.«

Die alte Frau winkte ihn näher. »Er könnte uns sehen«, flüsterte sie. »Komm mit, wir verstecken uns hinter diesen Palmen.«

»Warum tust du so geheimnisvoll?«, fragte der Ritter verwundert und folgte ihr.

»Nun sag mir, warum bist du nicht zu uns zurückgekommen? Gefällt dir Recha denn nicht?«

»Darum geht es nicht. Ein Tempelritter, der eine Jüdin liebt? Wer würde das glauben? Selbst ihr Vater lehnt die Hochzeit ab.«

Daja nickte. »So scheint es auf den ersten Blick, aber ich kenne eine Lösung. Versprich mir, sie zu heiraten und aus dem Heiligen Land wegzubringen!«

»Wie soll ich dir etwas versprechen, was nicht in meiner Macht liegt?«, entgegnete der Tempelritter.

»Doch, es liegt in deiner Hand«, die alte Frau schüttelte energisch den Kopf. »Hör nur genau zu: Recha ist keine Jüdin. Sie ist eine Christin.«

»Was sagst du da?«, herrschte der Tempelherr die alte Frau an.

»Schau mich nicht so böse an. Sie ist eine Christin. Als solche geboren und getauft.«

»Und Nathan?«

»Nicht ihr Vater.«

»Nathan nicht ihr Vater?«, fuhr der Tempelritter entsetzt auf. »Und hat das Christenkind als eine Jüdin erzogen?«

»Deswegen musst du sie retten«, sagte Daja und blickte scheinheilig zu Boden. »Und wenn du sie nach Europa bringst, nimm mich auch mit.«

Doch der Tempelritter wandte sich ab und ließ die alte Frau allein zurück.

Der junge Tempelritter eilte zum Kloster. In ihm tobten die Gefühle und er konnte keinen klaren Gedanken fassen. Wie konnte Nathan ihm die Heirat mit einer Christin verweigern?

In den Kreuzgängen der Klosterkirche suchte er Ruhe, um seine Gedanken zu ordnen. Er fand einen Mann in reicher Robe, der ihm umringt von zahlreichem Gefolge entgegenkam: der Patriarch von Jerusalem.

Der Tempelritter, erschrocken von so viel Prunk, sah ihn beinahe verächtlich an.

»Herr Ritter«, begrüßte ihn der Patriarch mit erhabener Stimme, »ich bin erfreut, dich hier zu sehen. Kann ich dir helfen?«

Unsicher, ob er dem Patriarchen trauen konnte, begann der Tempelherr zögerlich: »Ja, vielleicht. Ich würde Euch gerne um einen Rat bitten. Hört … Stellt Euch vor, ein Jude hätte ein einziges Kind …« Doch dann brach es aus ihm heraus: »Er liebt es von Herzen und hat es in seinem Glauben erzogen. Doch das Kind ist nicht von ihm. Es ist ein christliches Kind, das er nun als Jüdin aufgezogen hat. Was soll man tun?«

»Wie schrecklich«, antwortete der Patriarch grimmig und seine Miene verfinsterte sich. »Sprechen wir hier von einem wahren Fall oder einer Hypothese?«

Unsicher wich der Tempelherr seinem Blick aus. »Ist das nicht egal?«

»Auf keinen Fall!«, fuhr der Kirchenmann ihn erzürnt an. »Sollte das die Wahrheit sein, gehört der Jude auf den Scheiterhaufen!«

»Und wenn der Jude es getan hat, um das Kind vor dem Tod zu schützen?«, wollte der erschrockene Ritter Nathan verteidigen.

Doch der Patriarch schüttelte den Kopf. »Der Jude muss verbrannt werden. Besser, das Kind wäre gestorben, als nun dem ewigen Verderben ausgesetzt zu sein. Wen Gott retten will, rettet er schon allein.«

Bestürzt von so viel Erbarmungslosigkeit wandte sich der Ritter ab. »Vielen Dank für Eure Worte.«

Doch der Patriarch hielt ihn am Arm fest. »Willst du mir den Juden nicht nennen?«, fragte er beinahe drohend. »Nein? Dann muss ich damit zu Saladin gehen!«

»Auch ich wurde gerade zum Sultan gerufen.« Abschätzig schaute der Ritter auf den kleineren Mann hinab. »Ich werde ihn auf Euren Besuch vorbereiten, Hochwürden.«

Da wich der Patriarch zurück. »Es ist meine Aufgabe, über das Seelenheil der Christen in dieser Stadt zu wachen. Ich gehe jedoch davon aus, dass wir von einem Gedankenspiel gesprochen haben?«

»Ja, ein Gedankenspiel …«, antwortete der Tempelherr und verließ entschlossen den Kreuzgang.

»… dem ich noch nachgehen werde. Ein neuer Auftrag für unseren Klosterbruder«, flüsterte der Patriarch.

Unterdessen war das Geld von Nathans Reise im Palast angekommen. Während die Sklaven Beutel voller Gold in den Palast trugen, erfreute Saladin sich mit seiner Schwester Sittah an dem Anblick.

Vorbei an den fleißigen Sklaven stürmte mit einem Mal der Tempelritter in den Saal. Sittah ließ sofort ihren Schleier vors Gesicht fallen. Der junge Mann fiel derweil schon vor dem Sultan auf die Knie: »Ich bin Euer Gefangener, Saladin.«

Saladin lächelte nachsichtig und half ihm auf. »Wem ich das Leben schenke, dem gebe ich auch die Freiheit. Du bist meinem Bruder Assad so ähnlich. Am liebsten würde ich dich fragen, wo du gewesen bist.« Suchend sah der Sultan sich um. »Wo ist Nathan?«

»Ich kam alleine«, antwortete der junge Mann kühl.

Erstaunt sah Saladin ihn an. »Warum sprichst du so kalt von ihm?«

»Ihr wisst sicher, dass ich Nathans Tochter gerettet habe? Nun, ich habe mich von ihm überreden lassen, sie zu besuchen. Kaum habe ich sie gesehen, habe ich mich verliebt. Ein Tempelritter in eine Jüdin.« Schmunzelnd hörte Saladin dem jungen Mann zu. »Doch dann hat Nathan meinen Antrag abgelehnt. Er sagte, er will sich erst bedenken!«

Beschwichtigend hob Saladin die Hände: »Nun, nun. Wie lange wird seine Weigerung schon dauern?«

»So dachte ich auch!«, rief der Tempelherr wütend. »Aber dann habe ich erfahren, dass Recha in Wahrheit christlich getauft wurde.«

»Wer behauptet so etwas?«, brauste der Sultan auf.

»Das Kindermädchen Daja.«

»Trotzdem wollte er sie dir nicht zur Frau geben?« Saladin strich nachdenklich über seinen Bart.

»Das ist nun egal«, rief der Ritter laut. »Der tolerante Schwätzer wurde entlarvt! Ich werde hinter diesen jüdischen Wolf im philosophischen Schafspelz Hunde bringen, die ihn zu zausen wissen!«

»Ruhig, Christ!«, sprach der Sultan beschwichtigend auf ihn ein.

»Wenn Jude und Muslim auf Jude und Muslim bestehen, soll der Christ den Christen sein lassen?«, tobte der junge Tempelherr wütend weiter. »Wenn ich nur wüsste, wie Assad sich an meiner Stelle verhalten hätte.«

Da lächelte der Sultan. »Wenn es stimmt, was du sagst, muss ich mit dem Kaufmann sprechen. Aber Nathan ist mein Freund und ich möchte das aufklären. Verrat ihn noch nicht an den Pöbel. Sei keinem Juden, keinem Muslim zum Trotz ein Christ.«

»Leider weiß der Patriarch schon davon. Aber ich habe ihm Nathans Namen nicht verraten!« Betreten sah der Ritter zu Boden.

»Wie? Du warst erst beim Patriarchen, bevor du mit mir gesprochen hast?«

»Im Sturm der Aufregung. Bitte verzeiht mir«, flüsterte der Tempelherr.

»Das werde ich. Nun such Nathan«, sagte Saladin entschlossen. »Wir müssen ihn warnen. Und habe keine Sorge: Das Mädchen wird dir gehören!«

Dankbar und voll neuer Hoffnung verließ der Ritter den Saal.

Sittah erhob sich fast lautlos und lüftete ihren Schleier. Als sie neben ihren Bruder trat, murmelte sie: »Ganz sonderbar.«

»Oder, Sittah?«, stimmte Saladin zu und fuhr fort: »Wir haben unseren Bruder wieder. Du hast ihn nie kennengelernt, doch jetzt endlich kennst du sein Gesicht. Aber Sittah, Nathan muss ihm doch das Mädchen zur Frau geben?«

Sittah nickte. »Ich gebe zu, ich bin neugierig, was für ein Mädchen unser Ritter so sehr liebt.«

»Nun, dann lass sie holen«, sagte Saladin milde lächelnd. »Aber Nathan soll nicht glauben, wir würden das Kind mit Gewalt von ihm trennen.«

»Ich kümmere mich darum«, rief Sittah bereits im Weggehen.

Zufrieden blieb der Sultan zurück. Da fiel sein Blick auf die sich auftürmenden Säcke mit Nathans Gold. »Wo ist nur Al-Hafi?«

Währenddessen sortierte Nathan mit seinen Gehilfen und der alten Daja die mitgebrachten Waren. Daja war ganz verzückt von all den Kostbarkeiten, die sie in die Hand bekam.

»Alles ist so herrlich. Wo wird der Silberstoff mit den goldenen Ranken gemacht? Das wird ein Brautkleid. Recha wird aussehen wie eine Königin.«

Abrupt hielt der Kaufmann inne. »Warum Brautkleid?«, fragte er.

»Bitte sag mir, dass du diese Gelegenheit nicht ungenutzt verstreichen lässt«, bat sie den alten Mann zitternd.

»Welche Gelegenheit?«

Da erbebte das alte Kindermädchen. »Tu nicht so!«, fuhr sie den Kaufmann an. »Der Tempelritter liebt Recha. Gib sie ihm, und die Sünde hat ein Ende!«

»Die alte Leier wieder«, antwortete Nathan unbeeindruckt. »Mir wär der Tempelritter schon recht. Aber hab noch etwas Geduld, liebe Daja.«

»Geduld?«, fragte sie aufgebracht.

»Nur wenige Tage noch. Sieh nur, wer da kommt. Geh ins Haus und beruhige dich.« Wortlos entfernte sich die Kinderfrau. Nathan dagegen legte die letzten Stoffe beiseite, stand auf und streckte sich, erfreut über eine kleine Pause. Interessiert sah er dem Mönch entgegen, der zielstrebig auf ihn zuschritt.

»Was kann ich für dich tun, frommer Bruder?«, begrüßte ihn der Kaufmann.

»Nicht eben viel«, entgegnete der Mönch freundlich. »Erinnerst du dich an mich, Nathan?«

Der Kaufmann schüttelte überrascht den Kopf und bat den Mönch ins Haus. Die Kühle der Mauern umfing die beiden Männer.

»Ich habe dir einmal ein wertvolles Pfand in die Hand gelegt«, sagte der Klosterbruder.

Der Kaufmann verstand nicht. »Ein Pfand?«

»Ich war ein Eremit in der Nähe von Jericho, bevor mich arabische Banditen entführten«, fuhr der Mönch fort. »Zum Glück entkam ich ihnen und fand Zuflucht beim Patriarchen. Er braucht mich jedoch für Allerlei, was mich mit Ekel erfüllt.«

»Aber was für ein Pfand, Bruder?«

»Da hat ihm heute jemand ins Ohr gesetzt, es lebe hier ein Jude, der ein Christenkind als seine Tochter erziehen würde.«

Betroffen sah der Kaufmann ihn an. Beruhigend hob der Mönch die Hände. »Er hat mir aufgetragen, diesen Juden ausfindig zu machen. – Da fiel mir etwas ein. Hat dir ein Knecht nicht vor achtzehn Jahren ein Töchterchen gebracht von wenigen Wochen?«

»Allerdings!«, horchte Nathan überrascht auf.

Da zog ein Lächeln über das Gesicht des Mönches. »Nun, der Reitknecht bin ich gewesen. Der Herr, von welchem ich dir das Kind brachte, hieß Wolf von Filnek. Der Vater stand kurz vor einem Feldzug. Nachdem die Mutter des Würmchens gestorben war, konnte er es ja nicht mitnehmen. Er sandte es dir. Er war ein guter Herr, dem ich gern gedient habe.«

»Mehr als einmal hat er mich dem Schwert entrissen«, erinnerte sich der Kaufmann an seinen guten Freund.

»So hast du dich seines Töchterchens angenommen?«, fragte der Mönch. »Hab keine Sorge, wenn niemand außer uns von der Sache weiß, gibt es einen Ausweg.«

»Gibt es?«, fragte der Kaufmann überrascht.

»Trau mir, Nathan«, sprach der Mönch verschwörerisch und beugte sich vor. »Wenn du das Kind mit Liebe und Frömmigkeit erzogen hast, solltest du eigentlich belohnt werden. Denn was wäre sonst aus ihm geworden? Zum Christentum hat es noch immer Zeit. Und ist denn nicht das ganze Christentum aufs Judentum gebaut? Es hat mich oft geärgert, wenn Christen vergessen, dass unser Herr ja selbst ein Jude war.«

»Du musst mein Zeuge sein, wenn Hass sich gegen mich erhebt«, sagte Nathan und sah den Mönch voller Zuneigung an. »Ich habe nie jemandem etwas erzählt. Du sollst nun alles erfahren. Nur wenige Tage, bevor du mich mit dem Kind angetroffen hast, haben Christen in Gath alle Juden, auch Frauen und Kinder, überfallen. Meine Frau und meine sieben hoffnungsvollen Söhne sind in das Haus meines Bruders geflüchtet, das bald in Flammen stand.«

Entsetzt schlug der Klosterbruder die Hände vors Gesicht. »Allgerechter!«

»Bevor ihr kamt, habe ich drei Tage lang geweint und den Christen unversöhnlichen Hass geschworen. Doch in diesem Moment bist du vom Pferd gestiegen und hast mir das Kind gegeben. Ich nahm es und hatte wieder Hoffnung!«

»Nathan, du bist ein Christ. Ein besserer Christ war nie!« Der Mönch legt seine Hände in die des alten Kaufmannes.

»Was mich dir zum Christen macht, macht dich mir zum Juden. Aber nun lass uns über Taten sprechen. Ich habe meine Liebe diesem Mädchen gegeben. Trotzdem würde ich sie gehen lassen. Aber nur zu ihrer wahren Familie.«

»Das wollte ich dir auch raten«, sagte der Mönch zustimmend.

»Drum sag mir den Namen eines Bruders oder Onkels.«

Betroffen sah der Klosterbruder ihn an. »Guter Nathan, ich war zu kurz im Dienste des Vaters, um etwas zu wissen.«

»War ihre Mutter nicht eine Stauffin?«, fragte Nathan ungläubig nach. »Hieß nicht ihr Bruder Conrad von Stauffen und war Tempelherr?«

»Mir fällt etwas ein«, rief der Mönch und sprang auf. »Ich habe ein Büchlein meines Herren aufbewahrt. Es sind Gebete darin. Leider kann ich nicht lesen. Aber man sagte mir, dass vorne und hinten die Namen seiner Angehörigen aufgeschrieben wurden.«

»Lauf! Hol das Büchlein! Ich werde es dir mit Gold aufwiegen. Eil!« Nathan schlug vor Freude die Hände zusammen. Der Mönch stand schon in der Tür, da fiel ihm etwas ein: »Es ist Arabisch, was der Herr hineingeschrieben.«

»Einerlei! Nur her!«, rief Nathan und sah dem davoneilenden Mönch nach. »Nun werden wir sehen, wie es ausgeht. Nur, wer hat die Sache dem Patriarchen verraten?«

Gedankenverloren blickte Nathan zur Grabkirche, da vernahm er hinter sich Schritte.

»Hör nur, Nathan, jemand schickt nach Recha, und …«

Erschrocken fuhr der alte Mann herum und sah der ängstlich dreinblickenden Daja ins Gesicht. »Der Patriarch?«, fragte er.

Diese schüttelte den Kopf. »Sittah, die Schwester des Sultans.«

Erleichtert atmete Nathan auf. »Aber warum lässt Sittah sie holen? Wo sind die Boten?«

Daja deutete zum Hauseingang und der Kaufmann ließ sie einfach stehen. »Ich will sie doch aus Vorsicht selbst sprechen. Wenn nur der Patriarch nicht doch dahintersteckt.«

»Ich befürchte etwas ganz anderes«, murmelte Daja. »Was, wenn der Sultan die einzige Tochter eines reichen Juden zur Frau nehmen will? Von seinen Geldproblemen weiß doch jeder in der Stadt. Dann hat der Tempelritter keine Möglichkeit mehr, Recha in meine alte Heimat mitzunehmen. Und auch ich werde dieses Land niemals verlassen. Ich muss ihr sagen, wer sie ist. Jetzt oder nie!«

Währenddessen ging Saladin aufgebracht im Palast auf und ab, denn sein Schatz-meister war unauffindbar.

Da verkündete einer seiner Diener die Ankunft der Karawane aus Ägypten. Hinter ihm kam ein weiterer Mann in Reitkleidung in den Saal.

»Willkommen, Mansor! Du hast uns lange warten lassen.« Voller Freude breitete der Sultan die Arme aus.

Mansor sah ihn ernst an und reichte Saladin einen Brief. »Hier steht drin, dass wir erst die Unruhen in Thebais dämpfen mussten, bevor wir aufbrechen konnten.«

Doch der Sultan würdigte das Schreiben keines Blickes. »Ich glaube dir! Doch nun, lieber Mansor, musst du direkt weiter und meinem Vater das Gold bringen.«

»Sehr wohl«, antwortete dieser und verneigte sich.

»Nimm dir reichlich Verstärkung und auch Lohn für deinen neuen Auftrag. Du wirst Acht geben müssen! Die Tempelritter sind wieder rege. Doch erst komm. Ich will die Karawane sehen.« Zusammen verließen die beiden Männer den Raum. Das Gold und der Derwisch waren bereits vergessen, denn nun war der Sultan wieder frei von all seinen Sorgen.

Der Tempelritter hatte unterdessen erneut seinen Platz unter den Palmen ein-
genommen und wandelte unablässig auf und ab. Nachdenklich sah er zum Haus
des Kaufmannes.

Er mochte den alten Mann. Aber als Christ fand er es falsch, dass der Kaufmann Recha
als Jüdin erzogen hatte. Außerdem war sein Stolz verletzt, seit Nathan ihm die Heirat
mit seiner Tochter verweigert hatte. Hätte er nur einmal in sich hineingehört. Dann
hätte er vielleicht gemerkt, dass er Recha eigentlich gar nicht heiraten wollte. Aber in
seiner Eitelkeit verletzt, wurde er blind für seine eigenen Gefühle.

In diesem Moment entdeckte er Nathan. Bei ihm war der Klosterbruder. Erschrocken
versteckte sich der Tempelherr hinter den Palmen.

Von seinem Versteck aus konnte er Nathans Stimme hören: »Hab vielen Dank!«
»Das Büchlein ist das Erbe der Tochter«, antwortete der Klosterbruder. »Gott gebe nur,
dass du es nie bereuen musst, so viel für sie getan zu haben. Die Patriarchen und die
Tempelherren …«
»Sei unbesorgt«, unterbrach der alte Kaufmann ihn. »So viel Böses können sie mir
nicht tun, dass ich es bereuen würde. Aber sag, bist du denn sicher, dass ein Tempel-
ritter den Patriarchen aufgehetzt hat?«
»Es kann kein anderer sein«, stimmte der Mönch zu. »Ich hörte die beiden reden.«
»Sonderbar. Soweit ich weiß, ist gerade nur ein Ritter in Jerusalem, und dieser ist
mein Freund.« Kurze Zeit herrschte Stille. Dann nahm Nathan die Hände des Mönchs
und drückte sie fest. »Aber nun, Bruder, werde ich zum Sultan gehen.«
»Ich wünsche dir viel Glück.« Damit ging der Mönch in Richtung des Klosters davon.

Nathan hingegen wollte sich auf den Weg zum Palast machen, doch da trat der Tempelherr hinter den Palmen hervor. »He, warte, Nathan, nimm mich mit«, rief er. Überrascht drehte der Kaufmann sich um und lächelte, als er den jungen Ritter erkannte.

»Curd, warst du beim Sultan?«

»Ja, wir haben uns dort verpasst«, bestätigte der Tempelherr verlegen. »Saladin möchte uns beide sprechen.«

Wieder lächelte der Ältere. »Gut, ich war gerade auf dem Weg zu ihm.«

Zögernd blieb der Tempelherr jedoch stehen. »Mit wem hast du gerade gesprochen, Nathan? War das nicht der Mönch, den der Patriarch oft zum Spionieren schickt?« Der Kaufmann nickte.

»Und hat er auch etwas über mich gesagt?«, fragte der Ritter verunsichert weiter.

»Er sprach von einem Tempelherrn. Dich hat er damit aber bestimmt nicht gemeint«, antwortete Nathan.

Der Ritter trat auf der Stelle. »Was hat er denn gesagt?«, fragte er schließlich.

»Dass mich einer beim Patriarchen angeklagt …«, setzte Nathan an, doch der junge Tempelritter fiel ihm ins Wort: »Angeklagt habe ich niemanden. Es war aus der Wut heraus, nachdem du mir nicht erlaubt hast, Recha zu heiraten. Dann habe ich Daja getroffen und sie hat mir dein Geheimnis verraten. Da habe ich einen großen Fehler begangen.« Betroffen sah er zu Boden. Nathan machte einen Schritt auf ihn zu.

»Ich dachte, du möchtest behalten, was du den Christen weggenommen hast«, sprach der Ritter leise weiter. »Deswegen wollte ich dich bestrafen. Aber ich weiß jetzt, dass es falsch war. Bitte, Nathan! Verzeihst du mir?«

Schweigend standen sie voreinander. Der Tempelherr konnte die Stille kaum ertragen. »Die Engstirnigkeit des Patriarchen hat mich wieder zur Besinnung gebracht.« Er wurde immer aufgeregter. »Aber ich habe eine Lösung. Anklagen kann der Patriarch dich nur, solange du Recha als deine Tochter ausgibst. Aber wenn sie meine Frau wäre, die Frau eines Christen, kann er das doch nicht tun. Lass mich Recha heiraten. Sei sie Christin oder Jüdin. Mir ist es gleich.«

Nathan schaute ihn ernst an. »Das liegt nicht mehr in meiner Hand. Denn Dank des Patriarchen habe ich von Rechas Verwandten erfahren. Die musst du um ihre Hand bitten.« Lächelnd betrachtete Nathan den jungen Mann. »Vor allem ihren Bruder solltest du fragen.«

Überrascht sah der Tempelritter auf. »Was redest du da? Wer ist dieser Bruder?«

»Ein braver Mann ist er«, antwortete Nathan bedächtig, »aber ich kenne ihn noch nicht gut. Begleite mich in den Palast und du wirst ihn kennenlernen.«

»Ihr Bruder ist im Palast?«

Doch Nathan zog den jungen Mann schon sanft mit sich. »Alles wird sich aufklären.«

Währenddessen trat Recha im Palast vor Sittah. Das junge Mädchen fürchtete sich ein wenig vor der mächtigen Frau, die sie herzlich begrüßte und sie bat, Platz zu nehmen.

Sittah musterte das Mädchen aufmerksam. »Wie ich mich freue, dass wir uns kennenlernen«, sagte sie schließlich. »Bitte hab keine Angst.«

Doch Recha traute sich kaum, den Blick von ihren Händen zu heben, und murmelte leise: »Prinzessin …«

»Nein, nicht Prinzessin!«, unterbrach Sittah sie. »Nenn mich Sittah. Ich möchte deine Freundin sein. Ach, wie jung du bist, wie schön – und gebildet?«

Überrascht sah Recha auf und ihr Gesicht erstrahlte. »Mein Vater hat mir viel beigebracht.«

Doch schon verfinsterte sich ihr Blick. »Und diesen Vater soll ich nun verlieren?«

»Was sagst du da?«, horchte Sittah da auf.

Mit zitternder Stimme suchte Recha nach Worten. »Daja hat mir gesagt …« Die Stimme des jungen Mädchens brach. »Ich kann es kaum aussprechen. Seit ich denken kann, war Daja wie eine Mutter für mich, und nun tut sie mir das an.«

»Was tut sie dir an?«, fragte Sittah eindringlich.

»Sprich, Kind!«

Recha setzte sich aufrecht hin und tupfte sich die Wangen trocken. Zitternd begann sie zu berichten. »Die arme Seele, sie meint, jedem den rechten Weg zeigen zu müssen. Auf unserem Weg zu dir, Sittah, sind wir an einem alten Christentempel vorbeigekommen, da hat sie mich auf einmal an der Hand genommen und hineingeführt. In ihrem Blick habe ich gesehen, wie sie mit sich gekämpft hat. Meine Hand hielt sie die ganze Zeit fest. Immer wieder hat sie gen Himmel gesehen. Ihr liefen die Tränen über das Gesicht. Dann hat sie mich angefleht, ihr zu verzeihen. Sie müsse mir sagen, dass ich als Christin getauft wurde.«

»Ich ahne, was nun kommt«, sagte Sittah leise. »Du armes Kind.«

»Sie hat behauptet, dass der Kaufmann Nathan nicht mein Vater sei!«

In diesem Moment betrat der Sultan den Saal. »Was ist hier los, Sittah? Wer ist das?«
Sittah strich Recha liebevoll über den Kopf. »Das ist Nathans Tochter«, sagte sie mit
sanfter Stimme. »Sie ist aufgelöst, weil …«

»Bitte, Saladin, helft mir!«, fuhr Recha mit tränenerstickter Stimme dazwischen.
»Bitte lasst mir meinen Vater und mich ihm. Ich möchte keinen anderen, egal,
wer es ist. Macht denn nur das Blut den Vater?«

Saladin betrachtete das junge Mädchen mit väterlicher Güte. »Hör auf zu weinen,
liebes Kind. Du hast recht, das Blut macht nicht den Vater. Und wenn nun zwei
Väter sich um dich streiten, dann nimm doch einfach den dritten. Lass mich dein
Vater sein.« Schmunzelnd sah er sie an, während Sittah die Arme um beide legte
und begeistert rief: »Oh ja!«

»Doch warte«, fuhr der Sultan lächelnd fort, »ich habe eine andere Idee: Gibt es keinen
Mann, den du dir an deiner Seite vorstellen könntest?« Recha errötete und wich dem
Blick des Sultans aus. Lachend zwinkerte Sittah ihrem Bruder zu. »Mach sie nicht
verlegen, Saladin.«

Da betrat eine Dienerin den Raum und flüsterte ihrer Herrin etwas ins Ohr.
»Saladin, dein Besuch ist da«, sagte Sittah. Alle drei sahen zur Tür. Die Dienerin verließ
den Raum, und Nathan und der Tempelherr traten ein.

Als Nathan Recha neben Sittah entdeckte, atmete er erleichtert auf.
Der Sultan breitete die Arme aus und trat auf die Neuankömmlinge zu. »Ah, meine
lieben Freunde!« An Nathan gewandt sagt er etwas leiser: »Bitte lass doch, sobald
es dir möglich ist, dein Geld wieder abholen. Meine Karawane aus Ägypten ist
angekommen und ich bin reicher, als ich es je war. Sag mir, was ich dir geben kann.
Das Ziel von euch Geschäftsleuten ist es doch immer, noch mehr aus dem zu machen,
was ihr schon besitzt.«

Doch Nathan winkte ab und schaute erneut zu Recha, der immer noch vereinzelte
Tränen über das Gesicht kullerten. »Sultan, lasst uns das ein anderes Mal besprechen.
Ich sehe da Tränen, die ich trocknen möchte.« Er trat zu Recha und nahm ihre Hand.
»Warum weinst du, liebe Tochter? Keine Angst, das wirst du immer für mich sein.
Sei wieder fröhlich, es tut mir weh, dich so unglücklich zu sehen.«

Recha strahlte. »Versprichst du mir das?«

Nathan nickte und umarmte sie fest.

Da trat der Ritter ebenfalls näher. »Und was ist mit mir?«

»Sachte, sachte, junger Mann. Überfall das Mädchen nicht. Nur weil du sie aus dem Feuer gerettet hast, hast du keinen Anspruch auf sie«, sagte Saladin milde lächelnd und ergriff die Hand des Ritters. Dann wandte er sich an Recha und nahm auch ihre Hand. Er wollte beide zueinander führen, doch Nathan trat dazwischen. »Halt, Saladin!«

Überrascht sah der Sultan ihn an. »Nathan, als Pflegevater hast du natürlich ein Mitspracherecht. Du siehst, ich weiß bereits Bescheid, aber …«

»Darum geht es nicht, Sultan. Wir müssen noch über jemand anderen sprechen.«

»Und über wen?«, fragte der Sultan verwundert.

»Ihren Bruder.«

»Rechas Bruder?«, fragte Saladin, und Recha direkt hinterher: »Ich habe einen Bruder?«

Der Tempelherr sah sich suchend um. »Nathan, du hast gesagt, er wäre hier.«

Nathan lächelte milde. »Etwas Geduld, Curd.« Freundschaftlich ging er auf ihn zu. »Argwohn folgt auf Misstraun! – Hättest du mir deinen Namen nur früher gesagt.«

»Wie?«, fragte der Tempelritter überrascht.

»Du bist kein Stauffen!«, rief Nathan wissend lächelnd.

»Wer bin ich dann?«

»Heißt nicht Curd von Stauffen.«

»Wie heiß ich dann?«

»Heißt Leu von Filnek.«

»Wer sagt das?«

Da strahlte Nathan. »Ich, und ich verrate euch noch mehr: Deine Mutter war eine Stauffin. Sie ging mit deinem Vater nach Jerusalem. Dein Onkel hat dich in Deutschland erzogen. Er hieß Curd von Stauffen. Er hatte keine eigenen Kinder und hat dich als seinen Sohn aufgenommen. Lebt er noch?«

Trauer verdunkelte kurz das Gesicht es jungen Mannes. »Leider nein. Aber was ist denn nun mit Rechas Bruder?«, fragte er ungeduldig.

»Dein Vater …«, wollte Nathan fortfahren.

»Auch den hast du gekannt?«, unterbrach ihn der Tempelritter aufgeregt. Beruhigend legte ihm Saladin die Hand auf die Schulter. Nathan lächelte wieder: »Deinen Vater kannte ich. Er war mein Freund und nannte sich Wolf von Filnek. Aber er war kein Deutscher. Er ist deiner Mutter auf seinen Reisen begegnet und hat sich in sie verliebt. Deswegen ist er für kurze Zeit mit ihr nach Deutschland gegangen.«

»Woher weißt du das alles?«, flüsterte der Tempelritter fassungslos. »Was aber ist mit Rechas Bruder?«

Freudig breitete Nathan die Arme wie zu einer Umarmung aus. »Das bist du!«

Recha schaute verdutzt, doch dann verstand sie ihre Gefühle und trat auf den Ritter zu. »Mein Bruder!«

»Ich soll Rechas Bruder sein?«, fragte der Tempelritter und wich im selben Moment vor ihr zurück.

Saladin und Sittah sahen die beiden erstaunt an. »Geschwister?«

»Sein Herz weiß nichts davon«, sagte Recha enttäuscht.

Saladin trat wütend auf den jungen Mann zu. »Warum willst du so eine Schwester nicht haben?«

Demütig senkte der Ritter den Kopf. »Versteh mich nicht falsch, Sultan.« Er wandte sich an Nathan: »Du nimmst und gibst mir mit vollen Händen. Doch was ich nun von dir bekommen hab, ist das Schönste und Wertvollste auf der Welt.« Mit diesen Worten fiel er Recha um den Hals, die seine Umarmung sanft erwiderte. »Meine Schwester Recha«, murmelte der Ritter leise.

»Blanda von Filnek«, fügte Nathan lächelnd hinzu.

Da drehte der Tempelherr sich ruckartig zu ihm. »Aber du wirst doch weiterhin ihr Vater bleiben? Auch wenn sie nun einen christlichen Namen trägt?«

»Selbstverständlich, und wenn ihr Bruder möchte, würde ich ihn gerne meinen Sohn nennen«, antwortete der Kaufmann voller Wärme. Er breitete die Arme aus und beide Kinder ließen sich hineinfallen.

Saladin und Sittah standen neben der neu gefundenen Familie. »Was sagst du?«, flüsterte der Sultan seiner Schwester zu. Sittah, die die Szene voller Freude betrachtete, antwortete: »Ich bin gerührt …«

»Du wirst es gleich noch viel mehr sein.« Saladin trat zur Seite und winkte den alten Kaufmann zu sich. »Nathan, auf ein Wort.«

Nathan löste sich aus der Umarmung und ging mit dem Sultan ein paar Schritte.

»Nathan, hast du eben nicht gesagt, dass ihr Vater nicht aus Deutschland war?«
Nathan nickte. »Welches Land ist seine Heimat?«, fragte Saladin.
»Das hat er mir leider nie verraten.« Bedauernd blickte Nathan den Sultan an und
fuhr fort: »Aber ich erinnere mich, dass er am liebsten Persisch gesprochen hat.«
Da breitete der Sultan seine Arme aus und rief voll Freude so laut, dass alle sich
erschrocken zu ihm umdrehten: »Persisch? Was will ich mehr! Das war mein Bruder
Assad. Ganz sicher!«
»Wartet, Sultan, ich habe etwas«, sagte Nathan und zog das Büchlein hervor, das der
Mönch ihm gegeben hatte. »Hier, nehmt dies und vergewissert Euch. Es hat dem Vater
der beiden Kinder gehört.«
Saladin riss Nathan das Büchlein förmlich aus der Hand. Kaum hatte er die ersten
Wörter gelesen, sah er auf. »Sittah, komm her. Das ist seine Handschrift. Ich erkenne
sie ohne Zweifel wieder.«

Seine Schwester trat zu ihm und betrachtete ebenfalls die Seiten.
Recha und der Tempelritter hatten sich derweil in eine ruhigere Ecke des Zimmers
zurückgezogen und unterhielten sich. Es schien, als hätten sie alles um sich herum
vergessen.
»Es ist Eure Entscheidung, ob sie es wissen sollen«, wandte Nathan sich an den Sultan.
Saladin schüttelte den Kopf. »Die Kinder meines Bruders sind auch meine Kinder!«
Mit diesen Worten ging er zu den beiden hinüber und nahm die überraschten Geschwister
in den Arm. »Nun wirst du mich mögen müssen, Tempelritter«, sagte er dann.
»Und Recha, nun bin ich dein Vater, ob du mich willst oder nicht. Assad war euer Vater,
ihr seid meine Nichte und mein Neffe.«
»Und meine«, rief da Sittah und umarmte sie ebenfalls. Alle konnten ihr Glück kaum
fassen und fielen sich immer wieder in die Arme.
Nathan betrachtete die glückliche Familie. Da trat Recha auf ihn zu, lächelte ihn voll
Liebe an und zog ihn in ihren Kreis hinein.